Mi vida con Alergia Alimentaria

escrito por **Mari Schuh** • arte por **Ana Sebastián**

AMICUS ILLUSTRATED
es una publicación de Amicus
P.O. Box 227, Mankato, MN 56002
www.amicuspublishing.us

Rebecca Glaser, editora
Kathleen Petelinsek, diseñadora de la serie
Catherine Berthiaume, diseñadora de libra

Library of Congress Cataloging-in-Publication Data
Names: Schuh, Mari C., 1975- author. | Sebastián, Ana, illustrator.
Title: Mi vida con alergia alimentaria / escrito por Mari Schuh ; arte por Ana Sebastián.
Other titles: My life with a food allergy. Spanish
Description: Mankato, MN : Amicus Illustrated/Amicus, [2023] | Series: Mi vida con |
Audience: Ages 6-9 | Audience: Grades 2-3 | Summary: "Meet Hudson! He likes music and skateboarding.
He also has a food allergy. Hudson is real and so are his experiences. Learn about his life in this
illustrated narrative Spanish nonfiction picture book for elementary students"–Provided by publisher.
Identifiers: LCCN 2022001437 (print) | LCCN 2022001438 (ebook) | ISBN
9781645494720 (library binding) | ISBN 9781681528830 (paperback) | ISBN
9781645494768 (pdf)
Subjects: LCSH: Food allergy--Juvenile literature. | Food allergy in children--Juvenile literature.
Classification: LCC RC596 .S35518 2023 (print) | LCC RC596 (ebook) |
DDC 616.97/5--dc23/eng/20220124
LC record available at https://lccn.loc.gov/2022001437
LC ebook record available at https://lccn.loc.gov/2022001438

A Hudson y su familia–MS

Acerca de la autora
El amor que Mari Schuh siente por la lectura comenzó con las cajas de cereales, en la mesa de la cocina. Hoy en día, es autora de cientos de libros de no ficción para lectores principiantes. Con cada libro, Mari espera ayudar a los niños a aprender un poco más sobre el mundo que los rodea. Obtén más información sobre ella en marischuh.com.

Acerca de la ilustradora
Ana Sebastián es una ilustradora que vive en España. Estudió Bellas Artes en la Universidad de Zaragoza y en la Université Michel de Montaigne, en Burdeos. Se especializó en ilustración digital y completó su educación con una maestría en ilustración digital para arte conceptual y desarrollo visual.

¡Hola! Soy Hudson. Apuesto a que tenemos mucho en común. Me gusta la música, el béisbol y andar en patineta. También podríamos tener diferencias. Tengo alergia alimentaria. Déjame contarte un poco sobre mi vida.

La gente como yo, con alergia alimentaria, no puede comer ciertos alimentos. Si lo hacemos, podríamos tener una reacción, incluso por un pedacito de comida. Algunos reacciones a los alérgenos alimentarios son leves, como comezón o urticaria. Pero otras pueden ser peligrosas.

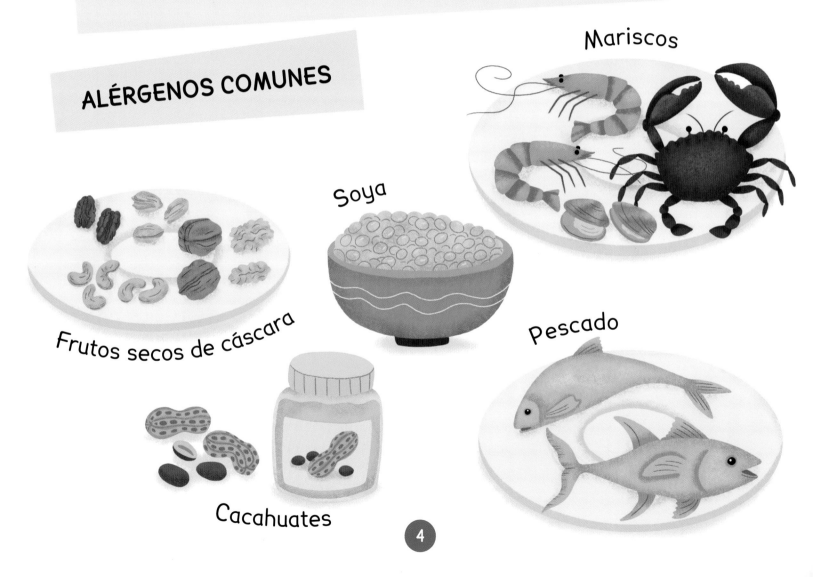

ALÉRGENOS COMUNES

Mariscos

Soya

Frutos secos de cáscara

Pescado

Cacahuates

Las personas puede tener dificultad para respirar. Pueden vomitar, sentirse mareadas o desmayarse. La gente lleva consigo un medicamento contra la alergia para detener rápido las reacciones. Se inyecta en la pierna con un aplicador que tiene forma de lápiz.

Trigo

Heuvos

MiLK

Lácteos

Un día, cuando era muy pequeño, comí unas nueces como bocadillo. Se formó un sarpullido alrededor de mi boca. Así descubrí que era alérgico a los frutos secos de cáscara.

Unos años después, comí tarta de manzana en una panadería. Mi abuelita no sabía que la tarta contenía frutos secos de cáscara. Tosí mucho y me costaba trabajo respirar. Una ambulancia me llevó al hospital. Los doctores me dieron medicamentos para que pudiera respirar mejor.

Ahora, tengo mucho cuidado para evitar comer frutos secos de cáscara. A veces, es difícil saber si un alimento contiene frutos secos de cáscara. ¡Mi familia lee las etiquetas de los alimentos, todo el tiempo! Los frutos secos de cáscara comúnmente se encuentran en la granola, las galletas, los cereales y algunos panes. Cuando no sé si una comida es segura para mí, no la como.

INGREDIENTES:
GRANOLA, AZÚCAR, COCOA, CACAHUATES, ALMENDRAS, ALMIDÓN DE MAÍZ, SAL, MIEL, LECHE EN POLVO.

INFORMACIÓN PARA ALÉRGICOS:
CONTIENE CACAHUATES, ALMENDRAS, LECHE.

¡Me encanta el helado! Pero los empleados a veces usan la misma cuchara para muchos botes de helado. Eso significa que los trocitos de frutos secos de cáscara de un helado podrían pasarse a otro helado. Así que les pregunto si pueden abrir un bote de helado nuevo para mí y usar otra cuchara.

Después de la práctica de béisbol, mis compañeros y yo comemos bocadillos. Si su comida pudiera contener frutos secos de cáscara, no la como. Llevo mis propios bocadillos. Mis compañeros comprenden.

La semana pasada, tuve un recital de guitarra. La esposa del maestro nos hizo galletas. ¡Hizo algunas galletas solo para mí! Se aseguró de que mis galletas no contuvieran frutos secos de cáscara.

En la escuela, como un almuerzo empacado. Mi mamá me prepara comida segura y saludable. Mi escuela me ayuda a mantenerme a salvo. En la oficina principal hay fotos de niños con alergia, para que todos los maestros sepan su situación y puedan ayudarlos a mantenerse a salvo.

Casi todos ayudan y son amables. Pero un día, un compañero encontró una nuez en el piso. Me persiguió y trató de tocarme con la nuez. Huí de él y lloré. Lo castigaron por ser malo conmigo.

Ayer, en mi salón hubo una fiesta de cumpleaños. La cumpleañera trajo magdalenas para todos. No pude comerlas. ¡No pasa nada! Mi mamá me empacó mi propia golosina.

¡FELIZ CUMPLEAÑOS!

Tener alergia alimentaria puede ser duro. Trato de ser positivo. Me enfoco en toda la comida que sí puedo comer, en lugar de estar triste por la que no puedo comer. Esto me ayuda a ver el lado bueno de otras cosas, también. Hoy, llovió y no pudimos ir al zoológico. No pasa nada. ¡Mis hermanas y yo nos quedamos en casa a jugar juegos!

Conoce a Hudson

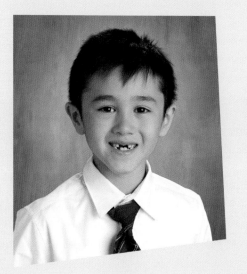

¡Hola! Soy Hudson. Vivo en la ciudad de Nueva York con mi mamá, papá y dos hermanas. Cuando no estoy en la escuela, me encanta cantar y tocar guitarra. Canto en el Coro Infantil Nacional. También me gusta nadar, andar en bicicleta y montar a caballo. Algunos de mis alimentos favoritos son la croqueta de papa, los pepinillos y el sushi.

Respeto por las personas con alergia alimentaria

No es fácil tener alergia alimentaria. Sé amable y respetuoso si un amigo no puede comer lo que tú comes. No te burles ni lo molestes.

Leer las etiquetas de los alimentos toma tiempo. Ten paciencia. Si se le olvida, recuérdale revisar las etiquetas de los alimentos.

Si ves que alguien con alergia alimentaria está teniendo una reacción, avísale a un adulto. Pide ayuda.

Si una persona con alergia alimentaria no puede comer lo que tú quieres compartir, no lo obligues a comerlo. Él o ella debe mantenerse saludable y a salvo.

Una persona con alergia alimentaria puede sentirse diferente o avergonzada. Sé un buen amigo para él o ella.

Cuando invites gente a tu casa, pregúntales a tus amigos o a sus padres si alguno tiene alergia alimentaria. Trata de servir alimentos que tus invitados puedan comer. Si no puedes, pídeles que traigan su propia comida para disfrutar.

Palabras útiles

alérgeno   Algo que provoca una reacción alérgica en algunas personas.

alergia   Una reacción en el cuerpo provocada por algo que para la mayoría de la gente es inofensivo.

etiqueta de los alimentos   La zona del paquete de los alimentos donde se muestran los nutrientes e ingredientes de la comida. En EE. UU., las etiquetas de los alimentos deben listar los alérgenos comunes para que las personas con alergia puedan evitarlos.

frutos secos de cáscara   Nueces que crecen en los árboles. La almendra, la pacana, la nuez, el anacardo y el pistacho son tipos de frutos secos de cáscara.

marisco   Animal marino cubierto por una cáscara dura. Las almejas, los cangrejos, las ostras, los camarones y las langostas son mariscos.

reacción   La respuesta del cuerpo cuando entra en contacto con un alérgeno.

sarpullido   Puntos rojos en la piel que provocan comezón.

urticaria   Ronchas o verdugones, comúnmente rojos y que provocan comezón, provocados por una reacción alérgica.